escuela - școală 2
viaje - călătorie 5
transporte - transport 8
ciudad - oraș 10
paisaje - peisaj 14
restaurante - restaurant 17
supermercado - supermarket 20
bebidas - băuturi 22
comida - mâncare 23
granja - gospodărie țărănească 27
casa - casă 31
sala - cameră de zi 33
cocina - bucătărie 35
cuarto de baño - baie 38
habitación de los niños - camera copiilor 42
ropa - îmbrăcăminte 44
oficina - birou 49
economía - economie 51
oficios - ocupații 53
herramientas - instrumente 56
instrumentos musicales - instrumente muzicale 57
zoo - grădină zoologică 59
deportes - sport 62
actividades - activități 63
familia - familie 67
cuerpo - corp 68
hospital - spital 72
urgencia - urgență 76
tierra - pământ 77
hora(s) - ceas 79
semana - săptămână 80
año - an 81
formas - forme 83
colores - culori 84
opuestos - antonime 85
números - cifre 88
idiomas - limbi 90
quién / qué / cómo - cine/ce/cum 91
dónde - unde 92

Impressum
Verlag: BABADADA GmbH, Nedderfeld 112 , 22529 Hamburg
Geschäftsführer / Verlagsleitung: Harald Hof
Druck: Books on Demand GmbH, In de Tarpen 42, 22848 Norderstedt

Imprint
Publisher: BABADADA GmbH, Nedderfeld 112 , 22529 Hamburg, Germany
Managing Director / Publishing direction: Harald Hof
Print: Books on Demand GmbH, In de Tarpen 42, 22848 Norderstedt, Germany

escuela
școală

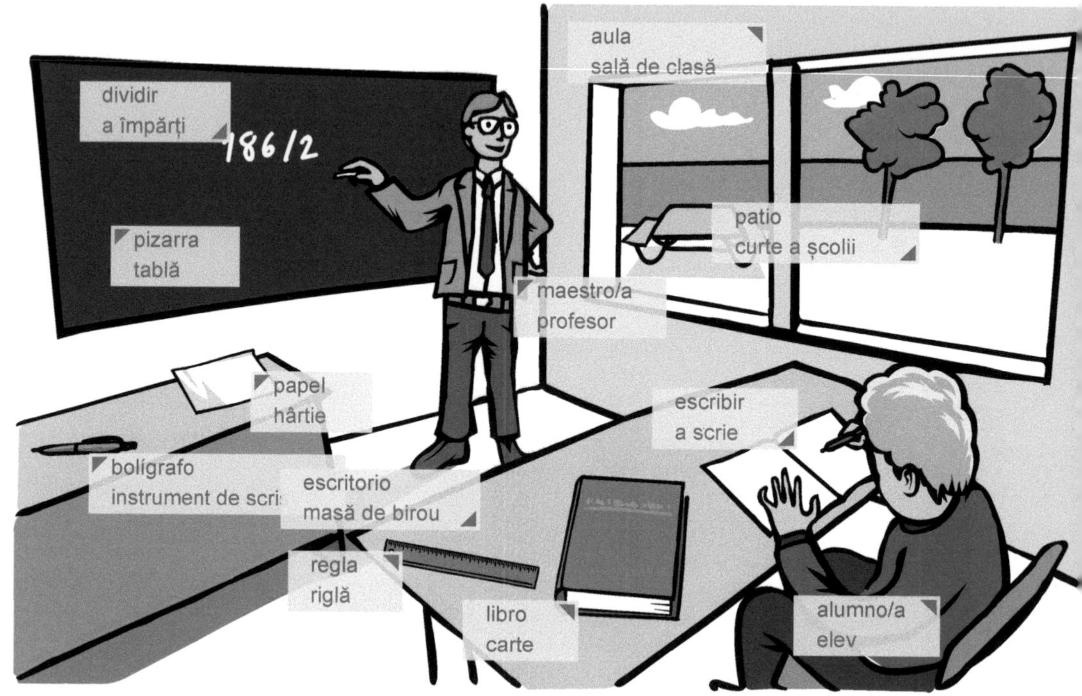

aula
sală de clasă
dividir
a împărți
186/2
pizarra
tablă
patio
curte a școlii
maestro/a
profesor
papel
hârtie
escribir
a scrie
bolígrafo
instrument de scri
escritorio
masă de birou
regla
riglă
libro
carte
alumno/a
elev

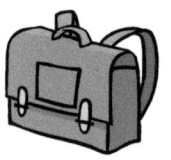

cartera
ghiozdan

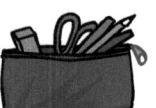

caja de lápices
penar

lápiz
creion

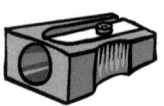

sacapuntas
ascuțitoare

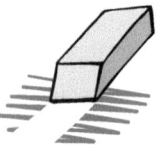

goma de borrar
radieră

cuaderno de dibujo
bloc de desen

dibujo
desen

pincel
pensulă

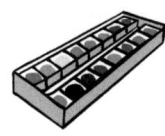

caja de pinturas
cutie de acuarele

tijeras
foarfece

pegamento
lipici

cuaderno de ejercicios
caiet de exerciții

deberes
temă

12

número
număr

2+2

sumar
a aduna

5-2

restar
a scădea

2×2

multiplicar
a multiplica

calcular
a calcula

A

letra
literă

ABCDEFG
HIJKLMN
OPQRSTU
VWXYZ

alfabeto
alfabet

hello

palabra
cuvânt

texto
text

leer
a citi

tiza
cretă

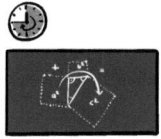

lección
oră

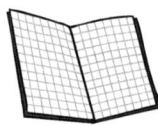

cuaderno de notas
catalog

examen
examen

certificado
certificat

uniforme escolar
uniformă școlară

educación
educație

enciclopedia
enciclopedie

universidad
universitate

microscopio
microscop

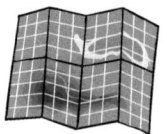

mapa
hartă

papelera
coș de gunoi

hotel
hotel

Grand

albergue
hostel

ROOMS

oficina de cambio de divisas
casă de schimb valutar

EXCHANGE

D

maleta
valiză

coche
autovehicul

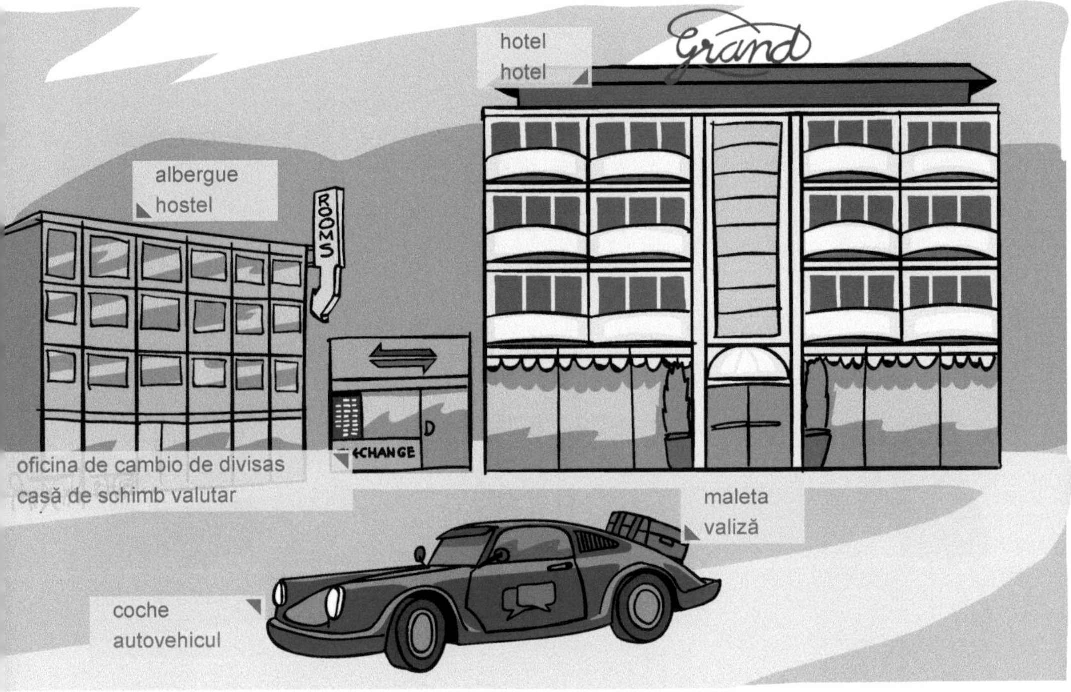

idioma
....
limbă

sí / no
....
da/nu

Vale
....
okay

hola
....
Bună!

traductor
....
interpret

Gracias
....
mulțumesc

¿cuánto es...?

Cât costă...?

No entiendo

Nu înțeleg

problema

problemă

¡Buenas tardes!

Bună seara!

¡Buenos días!

Bună dimineața!

¡Buenas noches!

Noapte bună!

adiós

la revedere

dirección

direcție

equipaje

bagaj

bolsa

geantă

mochila

rucsac

invitado

oaspete

habitación

cameră

saco de dormir

sac de dormit

tienda de campaña

cort

viaje - călătorie

información turística
punct de informare turistică

playa
plajă

tarjeta de crédito
carte de credit

desayuno
mic dejun

almuerzo
masa de prânz

cena
cină

billete
bilet de călătorie

ascensor
lift

sello
timbru poștal

frontera
graniță

aduana
vamă

embajada
ambasadă

visa
viză

pasaporte
pașaport

transporte

transport

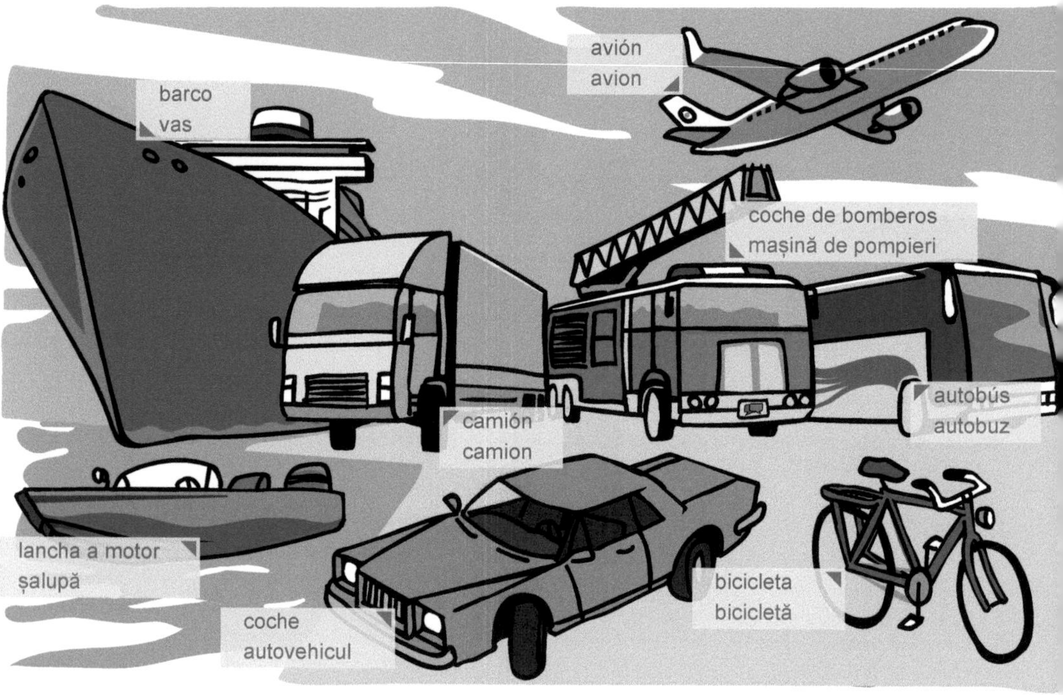
avión
avion
barco
vas
coche de bomberos
mașină de pompieri
autobús
autobuz
camión
camion
lancha a motor
șalupă
bicicleta
bicicletă
coche
autovehicul

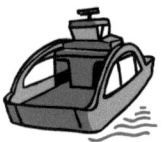

transbordador

feribot

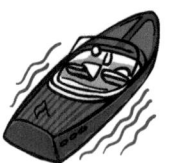

barca

barcă

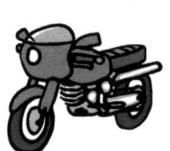

moto

motocicletă

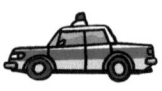

coche de policía

mașină de poliție

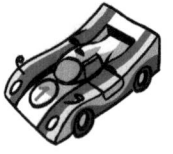

coche de carreras

mașină de curse

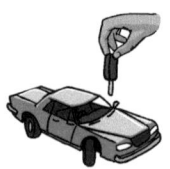

coche de alquiler

mașină închiriată

préstamo de vehículos

car sharing

grúa

mașină de tractat

camión de la basura

mașină de gunoi

motor

motor

gasolina

combustibil

gasolinera

benzinărie

señal de tráfico

semn de circulație

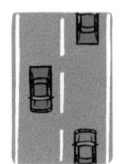

tráfico

trafic

atasco

ambuteiaj

aparcamiento

parcare

estación de tren

gară

vías

șine

tren

tren

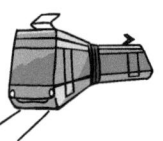

tranvía

tramvai

vagón

vagon

helicóptero
elicopter

aeropuerto
aeroport

torre
turn

pasajero
pasager

contenedor
container

caja de cartón
carton

carretilla
căruță

cesta
coș

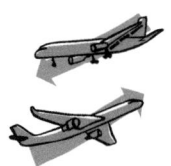

despegar / aterrizar
a decola/a ateriza

ciudad

oraș

pueblo
sat

centro de ciudad
centru

casa
casă

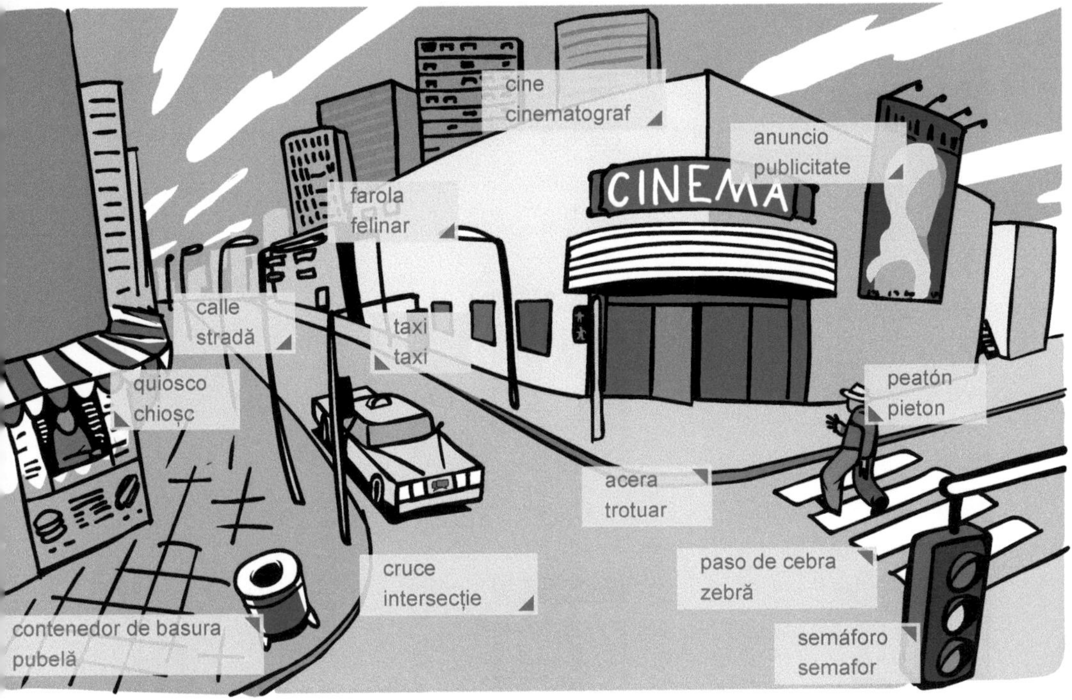

cine
cinematograf

anuncio
publicitate

farola
felinar

CINEMA

calle
stradă

taxi
taxi

quiosco
chioșc

peatón
pieton

acera
trotuar

cruce
intersecție

paso de cebra
zebră

contenedor de basura
pubelă

semáforo
semafor

cabaña
....
cabană

apartamento
....
apartament

estación de tren
....
gară

ayuntamiento
....
primărie

museo
....
muzeu

escuela
....
școală

ciudad - oraș

universidad

universitate

banco

bancă

hospital

spital

hotel

hotel

farmacia

farmacie

oficina

birou

librería

librărie

tienda

magazin

floristería

florărie

supermercado

supermarket

mercado

piață

grandes almacenes

magazin universal

pescadería

comerciant de pește

centro comercial

centru comercial

puerto

port

ciudad - oraș

parque

parc

banco

bancă

puente

pod

escaleras

trepte

metro

metrou

túnel

tunel

parada de autobús

stație de autobuz

bar

bar

restaurante

restaurant

buzón

cutie poștală

poste indicador

tăbliță indicatoare cu
numele străzii

parquímetro

parcometru

zoo

grădină zoologică

piscina

piscină

mezquita

moschee

ciudad - oraș

granja
gospodărie țărănească

contaminación
poluare

cementerio
cimitir

iglesia
biserică

patio de juego
loc de joacă

templo
templu

paisaje
peisaj

hoja
frunză

señal
indicator

camino
drum

prado
pajiște

piedra
piatră

árbol
copac

excursionista
drumeț

río
râu

hierba
iarbă

flor
floare

valle
vale

colina
deal

lago
lac

bosque
pădure

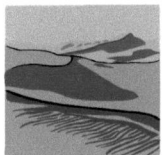

desierto
deșert

volcán
vulcan

castillo
castel

arcoíris
curcubeu

champiñón
ciupercă

palmera
palmier

mosquito
țânțar

mosca
muscă

hormiga
furnică

abeja
albină

araña
păianjen

escarabajo

gândac

rana

broască

ardilla

veveriță

erizo

arici

liebre

iepure

lechuza

bufniță

pájaro

pasăre

cisne

lebădă

jabalí

porc mistreț

ciervo

cerb

alce

elan

presa

dig

turbina eólica

turbină eoliană

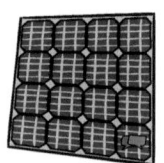

panel solar

panou solar

clima

climă

restaurante

restaurant

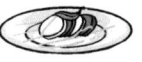

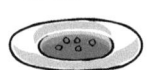

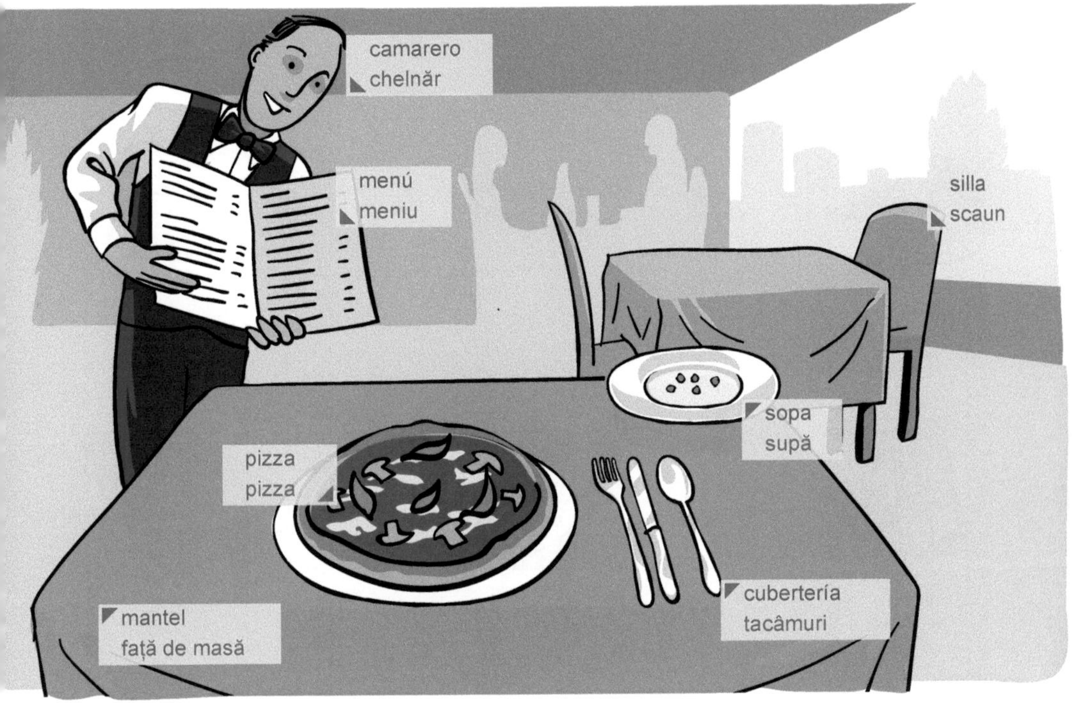
camarero
chelnăr
menú
meniu
silla
scaun
sopa
supă
pizza
pizza
mantel
față de masă
cubertería
tacâmuri

primer plato
antreu

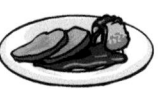

plato principal
fel principal

postre
desert

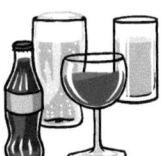

bebidas
băuturi

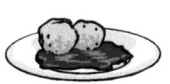

comida
mâncare

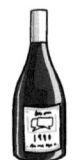

botella
sticlă

comida rápida
....
fastfood

comida callejera
....
streetfood

tetera
....
ceainic

azucarero
....
zaharniță

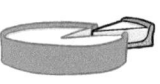

porción
....
porție

cafetera expreso
....
espressor

trona
....
scaun înalt (pentru copii)

cuenta
....
factură

bandeja
....
tavă

cuchillo
....
cuțit

tenedor
....
furculiță

cuchara
....
lingură

cucharilla
....
linguriță

servilleta
....
șervețel

vaso
....
pahar

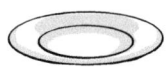

plato

farfurie

plato hondo

farfurie de supă

platillo

farfurie

salsa

sos

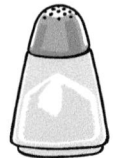

salero

solniță

molinillo de pimienta

râșniță de piper

vinagre

oțet

aceite

ulei

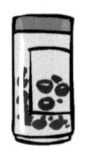

especias

condimente

ketchup

ketchup

mostaza

muștar

mayonesa

maioneză

supermercado
supermarket

oferta especial
ofertă
FOR
cliente
client
lácteos
produse lactate
fruta
fructe
carro de la compra
cărucior de cumpărături

BUTCHERS

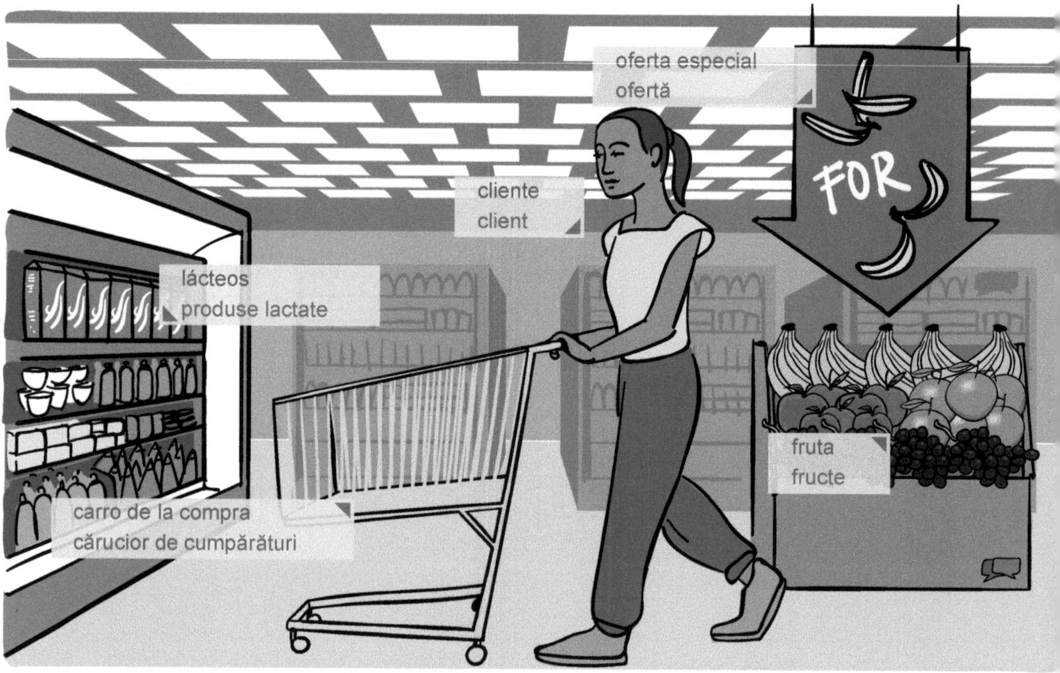

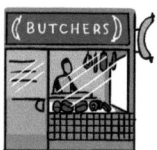

carnicería

măcelărie

BAKERY

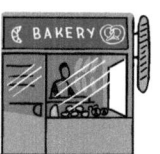

panadería

brutărie

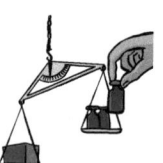

pesar

a cântări

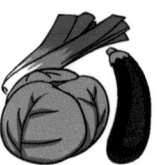

verduras

legume

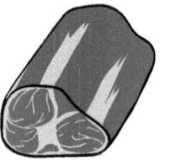

carne

carne

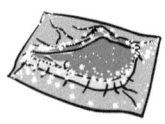

alimentos congelados

alimente refrigerate

fiambres

hezeluri şi brânzeturi feliate

conservas

conserve

detergente en polvo

detergent

dulces

dulciuri

productos de uso doméstico

articole de menaj

productos de limpieza

produse de curăţenie

vendedora

vânzătoare

caja

casă

cajero

casier

lista de la compra

listă de cumpărături

horario de atención al público

orar

cartera

portmoneu

tarjeta de crédito

carte de credit

bolsa

geantă

bolsa de plástico

pungă de plastic

agua
....
apă

zumo
....
suc

leche
....
lapte

cola
....
cola

vino
....
vin

cerveza
....
bere

alcohol
....
alcool

cacao
....
cacao

té
....
ceai

café
....
cafea

expreso
....
espresso

capuchino
....
cappucino

plátano

banane

manzana

măr

naranja

portocală

melón

pepene

limón

lămâie

zanahoria

morcov

ajo

usturoi

bambú

bambus

cebolla

ceapă

champiñón

ciupercă

avellanas

nuci

fideos

paste făinoase

espagueti

spagheti

arroz

orez

ensalada

salată

patatas fritas

cartofi prăjiți

patatas fritas

cartofi țărănești

pizza

pizza

hamburguesa

hamburger

sándwich

sandwich

filete

șnițel

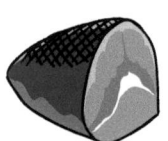

jamón

șuncă

salami

salam

salchicha

cârnați

pollo

pui

asado

friptură

pescado

pește

comida - mâncare

copos de avena

fulgi de ovăz

muesli

musli

copos de maíz

cereale

harina

făină

cruasán

corn

panecillo

chifle

pan

pâine

tostada

pâine prăjită

galletas

biscuiți

mantequilla

unt

cuajada

brânză de vaci

pastel

prăjitură

huevo

ou

huevo frito

ouă ochiuri

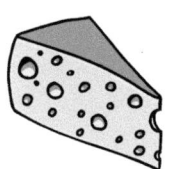

queso

brânză

helado

îngheţată

azúcar

zahăr

miel

miere

mermelada

marmeladă

crema de turrón

cremă nuga

curry

curry

comida - mâncare

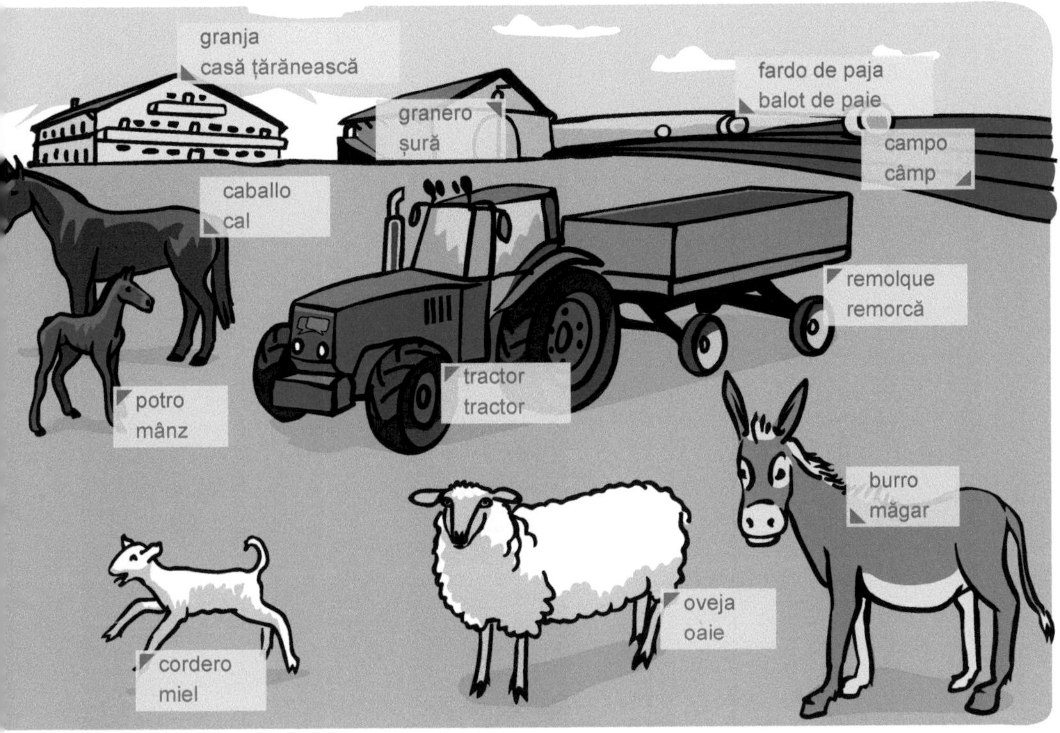

granja
casă țărănească

granero
șură

caballo
cal

fardo de paja
balot de paie

campo
câmp

remolque
remorcă

potro
mânz

tractor
tractor

burro
măgar

cordero
miel

oveja
oaie

cabra

capră

vaca

vacă

ternero

vițel

cerdo

porc

cerdito

purcel

toro

taur

ganso

găină

pato

rață

pollo

pui

gallina

găină

gallo

cocoș

rata

șobolan

gato

pisică

ratón

șoarece

buey

bou

perro

câine

perrera

cușcă

manguera

furtun de grădină

regadera

stropitoare

guadaña

coasă

arado

plug

granja - gospodărie țărănească

hoz

seceră

azada

sapă

horca

furcă

hacha

secure

carretilla

roabă

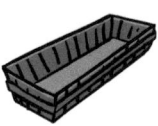

abrevadero

troacă

lechera

cană pentru lapte

saco

sac

valla

gard

establo

grajd

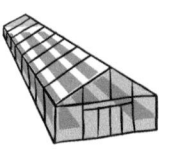

invernadero

seră

suelo

sol

semilla

sămânță

fertilizador

fertilizator

cosechadora

combină de treierat

cosechar

a culege

cosecha

recoltă

ñame

cartof yam

trigo

grâu

soja

soia

patata

cartof

maíz

porumb

semilla de colza

rapiță

árbol frutal

pom fructifer

mandioca

manioc

cereales

cereale

granja - gospodărie țărănească

casa
casă

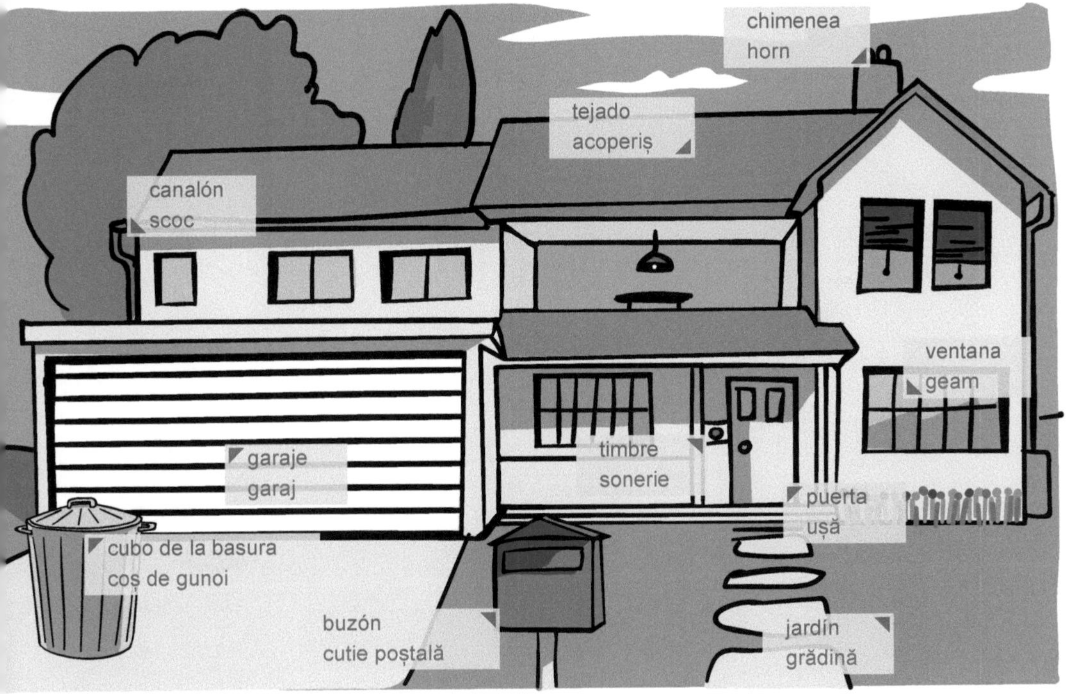
chimenea
horn
tejado
acoperiș
canalón
scoc
ventana
geam
garaje
garaj
timbre
sonerie
puerta
ușă
cubo de la basura
coș de gunoi
buzón
cutie poștală
jardín
grădină

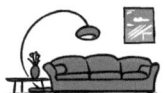

sala

camerǎ de zi

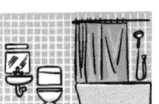

cuarto de baño

baie

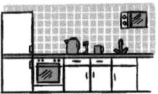

cocina

bucătărie

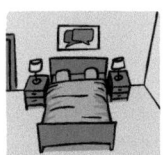

dormitorio

dormitor

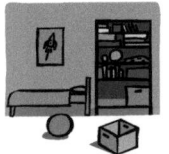

habitación de los niños

camera copiilor

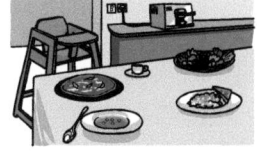

comedor

sufragerie

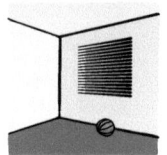

suelo

podea

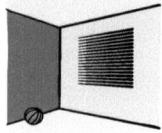

pared

perete

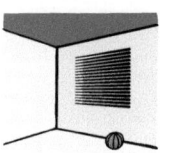

techo

tavan

sótano

pivniță

sauna

saună

balcón

balcon

terraza

terasă

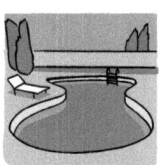

piscina

piscină

cortacésped

mașină de tuns iarba

sábana

cearșaf

colcha

cuvertură

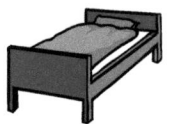

cama

pat

escoba

mătură

balde

găleată

interruptor

întrerupător

papel pintado
tapet

imagen
pictură

lámpara
lampă

estante
raft

armario
dulap

televisión
televizor

chimenea
semineu

flor
floare

cojín
pernă

sofá
sofa

jarrón
vază

mando a distancia
telecomandă

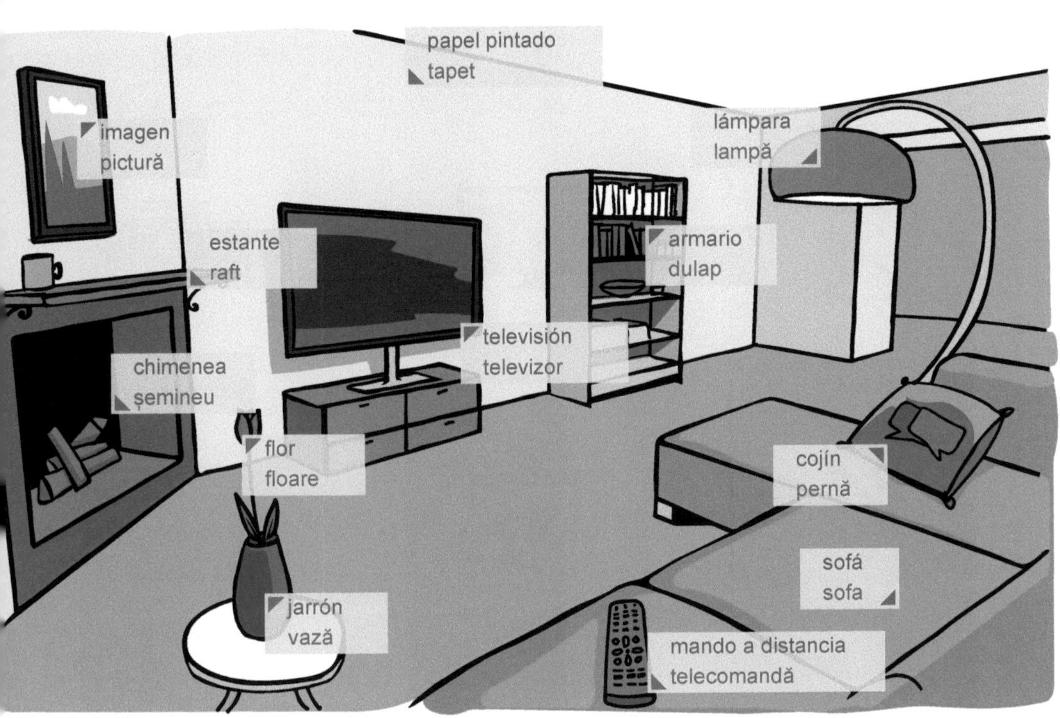

alfombra
covor

cortina
perdea

mesa
masă

silla
scaun

mecedora
balansoar

butaca
fotoliu

sala - cameră de zi

libro

carte

manta

pătură

decoración

decoraţiune

leña

lemn de foc

película

film

equipo de música

instalaţie stereo

llave

cheie

periódico

ziar

pintura

desen

póster

poster

radio

radio

cuaderno

caiet de notiţe

aspiradora

aspirator

cactus

cactus

vela

lumânare

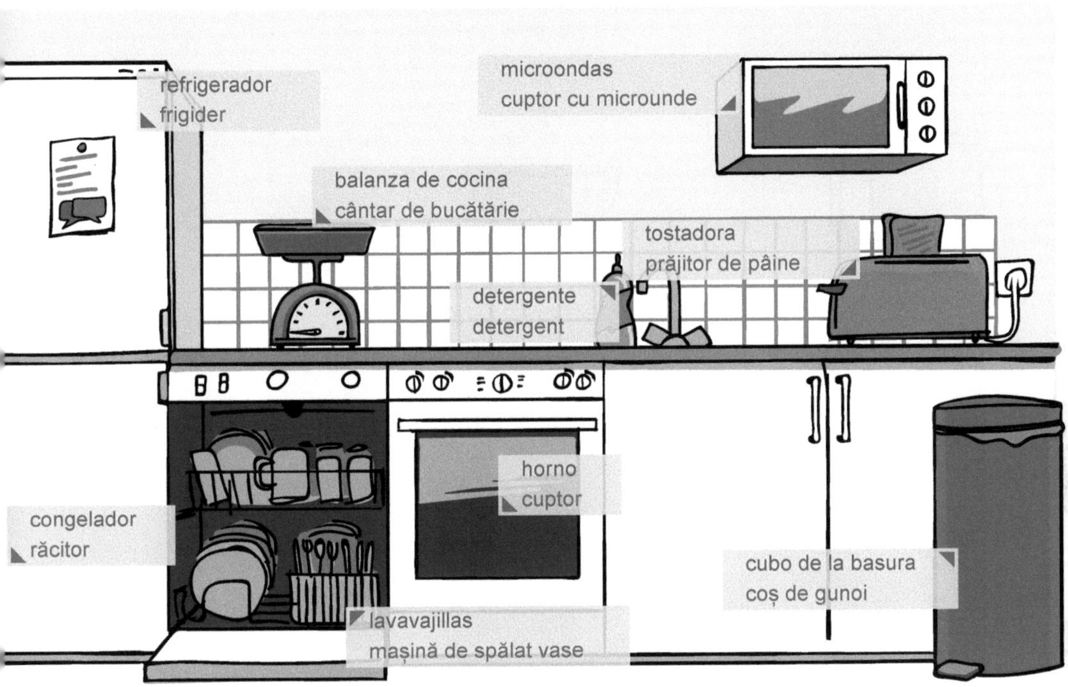

refrigerador
frigider

microondas
cuptor cu microunde

balanza de cocina
cântar de bucătărie

tostadora
prăjitor de pâine

detergente
detergent

horno
cuptor

congelador
răcitor

cubo de la basura
coș de gunoi

lavavajillas
mașină de spălat vase

olla a presión
....
cuptor

olla
....
oală

olla de hierro fundido
....
oală de metal

wok / karahi
....
wok/kadai

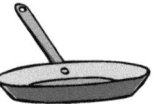

cazuela
....
tigaie

hervidor
....
ceainic

vaporera

oală de gătit cu aburi

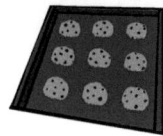

chapa de horno

tavă de copt

vajilla

veselă

taza

pahar

tazón

bol

palillos

bețișoare

cucharón

polonic

espumadera

spatulă

batidor

tel

colador

sită

cedazo

sită

rallador

răzătoare

mortero

mojar

barbacoa

grătar

hoguera

loc pentru grătar

cocina - bucătărie

tabla de picar

tocător

rodillo

sucitor

sacacorchos

tirbușon

lata

conservă

abrelatas

deschizător de conserve

agarrador

șervete termice

lavabo

chiuvetă

cepillo

perie

esponja

burete

batidora

mixer

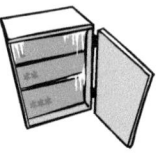

congelador

ladă frigorifică

biberón

biberon

grifo

robinet

cuarto de baño
baie

calefacción
încălzire
toalla
prosop
ducha
duș
cortina de la ducha
perdea de duș
baño de espuma
baie cu spumă
bañera
cadă
lavadora
mașină de spălat
vaso
pahar
grifo
robinet
baldosas
gresie
orinal
oală de noapte
lavabo
chiuvetă

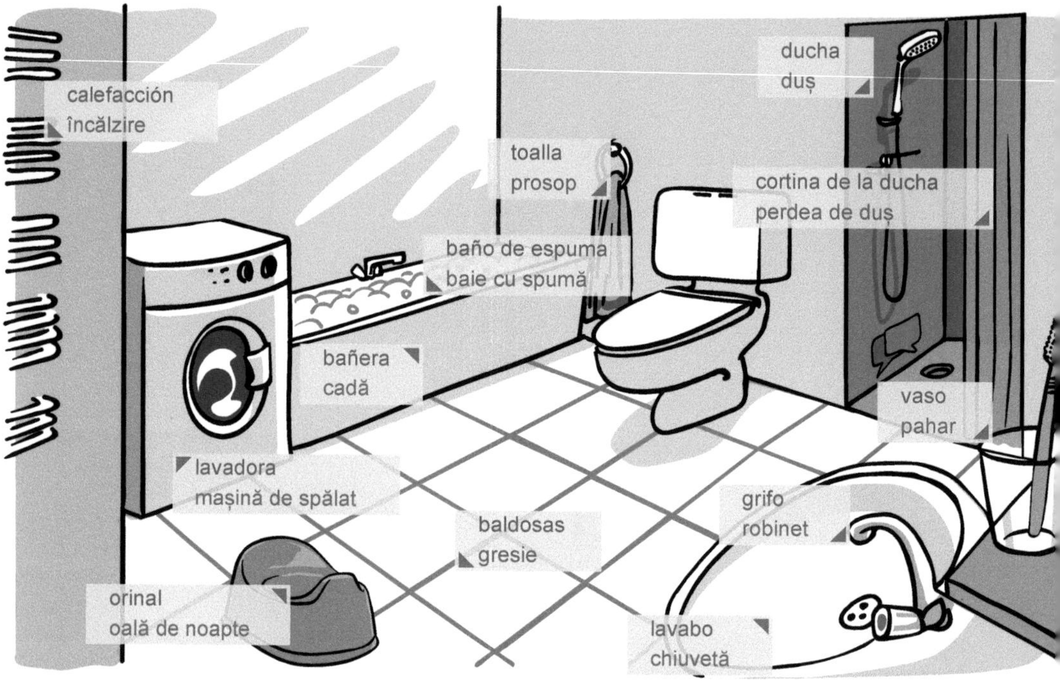

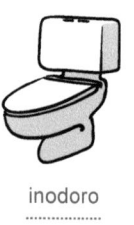

inodoro

toaletă

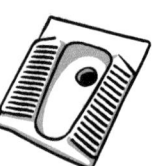

inodoro rústico

toaletă turcească

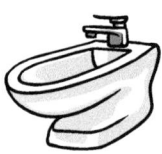

bidé

bideu

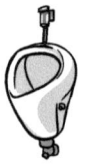

urinario

pisoir

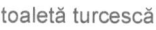

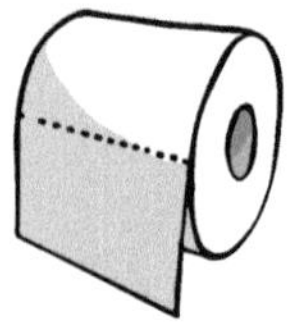

papel higiénico

hârtie igienică

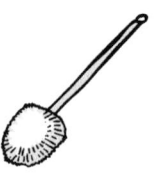

escobilla del váter

perie de toaletă

cepillo de dientes

periuță de dinți

pasta de dientes

pastă de dinți

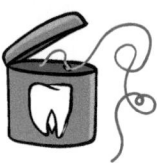

hilo dental

ață dentară

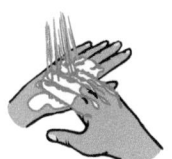

lavar

a spăla

ducha de mano

cap de duș

ducha íntima

duș intim

pila

lavoar

cepillo de espalda

perie pentru spate

jabón

săpun

gel de ducha

gel de duș

champú

șampon

toallita

cârpă de spălat

desagüe

scurgere

crema

cremă

desodorante

deodorant

espejo

oglindă

espejo de tocador

oglindă cosmetică

maquinilla de afeitar

aparat de ras

espuma de afeitar

spumă de ras

loción postafeitado

aftershave

peine

pieptene

cepillo

perie

secador

uscător de păr

laca

fixator

maquillaje

machiaj

pintalabios

ruj

pintauñas

lac de unghii

algodón

vată

cortauñas

foarfece de unghii

perfume

parfum

estuche de viaje
....
neseser

banqueta
....
taburet

balanza
....
cântar

albornoz
....
halat de baie

guantes de goma
....
mănuși de cauciuc

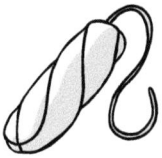

tampón
....
tampon

compresa
....
tampon

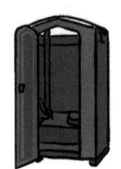

inodoro químico
....
toaletă chimică

habitación de los niños

camera copiilor

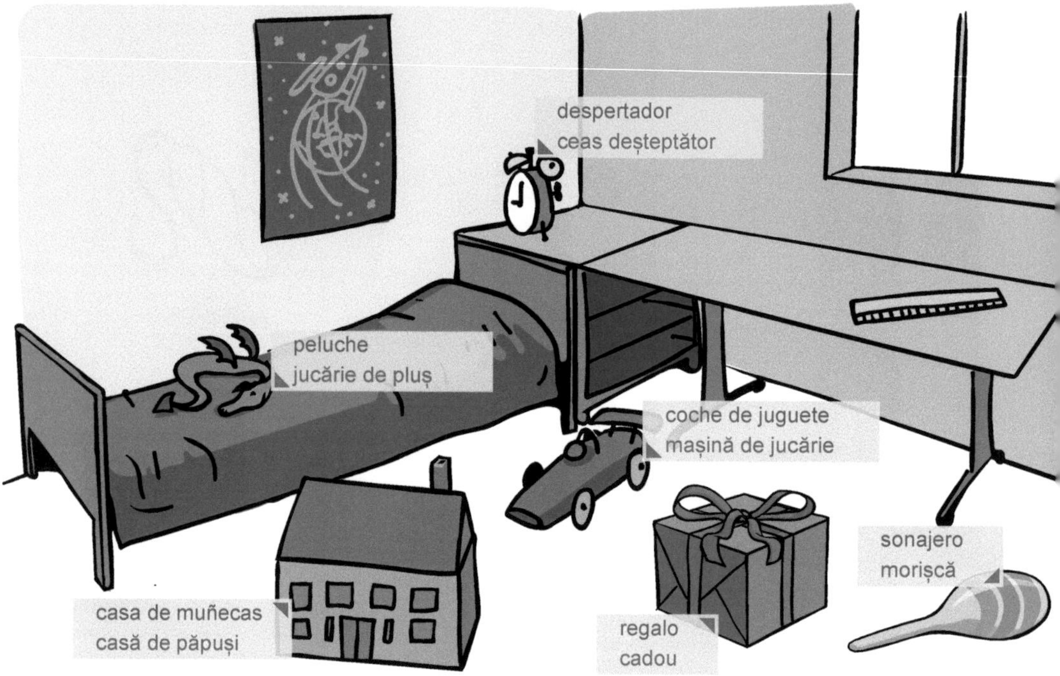
despertador
ceas deșteptător
peluche
jucărie de pluș
coche de juguete
mașină de jucărie
sonajero
morișcă
casa de muñecas
casă de păpuși
regalo
cadou

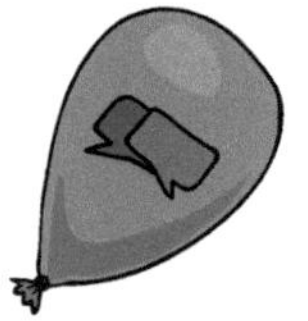

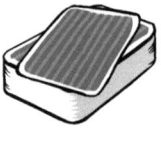

globo

balon

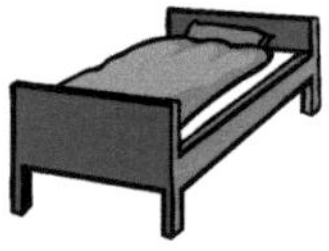

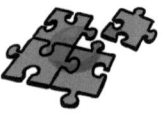

cama

pat

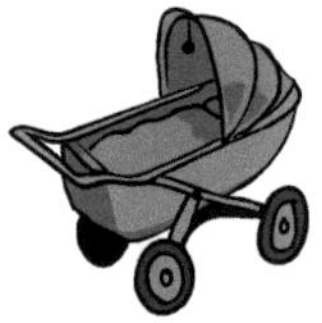

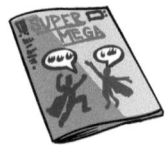

coche de niño

cărucior de copii

naipes

joc de cărți

puzle

puzzle

SUPER
MEGA

tebeo

revistă de benzi desenate

piezas de lego
cuburi lego

bloques de juguete
piese pentru construcții

figura de acción
personaj din filmele de acțiune

bodi (de bebé)
body

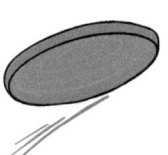

frisbee
frisbee

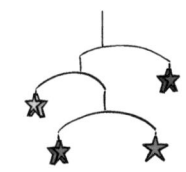

colgador móvil para bebés
mobil

juego de mesa
joc de societate

dados
zar

circuito de tren eléctrico
set trenuleț de jucărie

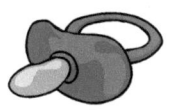

maniquí
suzetă

fiesta
petrecere

álbum de fotos
carte cu poze

pelota
minge

muñeca
păpușă

jugar
a se juca

cajón de arena

groapă de nisip

columpio

leagăn

juguetes

jucării

videoconsola

consolă video

triciclo

tricicletă

oso de peluche

ursuleț

guardarropa

dulap

ropa

îmbrăcăminte

calcetines

șosete

medias

ciorapi

leotardos

dres

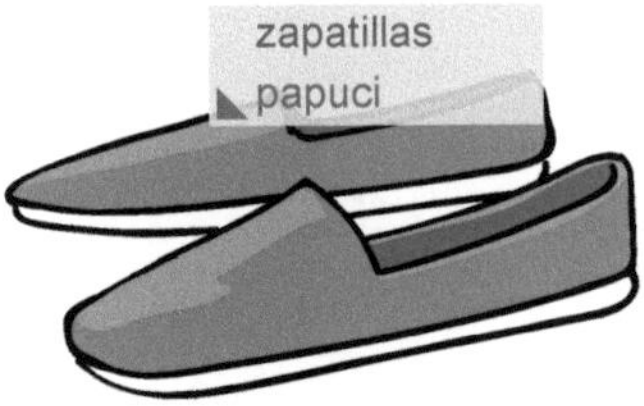

bufanda
șal

paraguas
umbrelă

cinturón
curea

camiseta
tricou

botas
cizme

zapatillas
papuci

deportivas
pantofi sport

sandalias
....
sandale

zapatos
....
încălțăminte

botas de goma
....
cizme de cauciuc

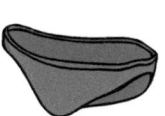

slip
....
chilot

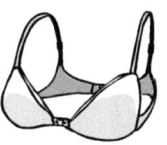

sostén
....
sutien

chaleco
....
maiou

bodi

body

pantalones

pantaloni

vaqueros

blugi

falda

fustă

blusa

bluză

camisa

cămașă

jersey

pulover

suéter

jerseu

blazer

sacou

chaqueta

jachetă

abrigo

palton

gabardina

pelerină de ploaie

traje

costum

vestido

rochie

vestido de novia

rochie de mireasă

ropa - îmbrăcăminte

traje

costum

camisón

cămașă de noapte

pijama

pijama

sari

sari

bandana

batic

turbante

turban

burka

burka

caftán

caftan

abaya

abaya

traje de baño

costum de baie

bañador

șort

pantalones cortos

pantaloni scurți

chándal

trening

delantal

șorț

guantes

mănuși

botón

nasture

gafas

ochelari

brazalete

brățară

collar

lanț

anillo

inel

pendiente

cercel

gorra

căciulă

percha

umeraș

sombrero

pălărie

corbata

cravată

cremallera

fermoar

casco

cască

tirantes

bretele

uniforme escolar

uniformă școlară

uniforme

uniformă

ropa - îmbrăcăminte

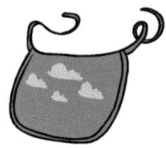

babero

bavețică

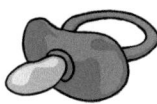

maniquí

suzetă

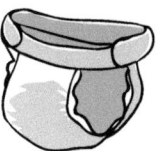

pañal

scutec

oficina

birou

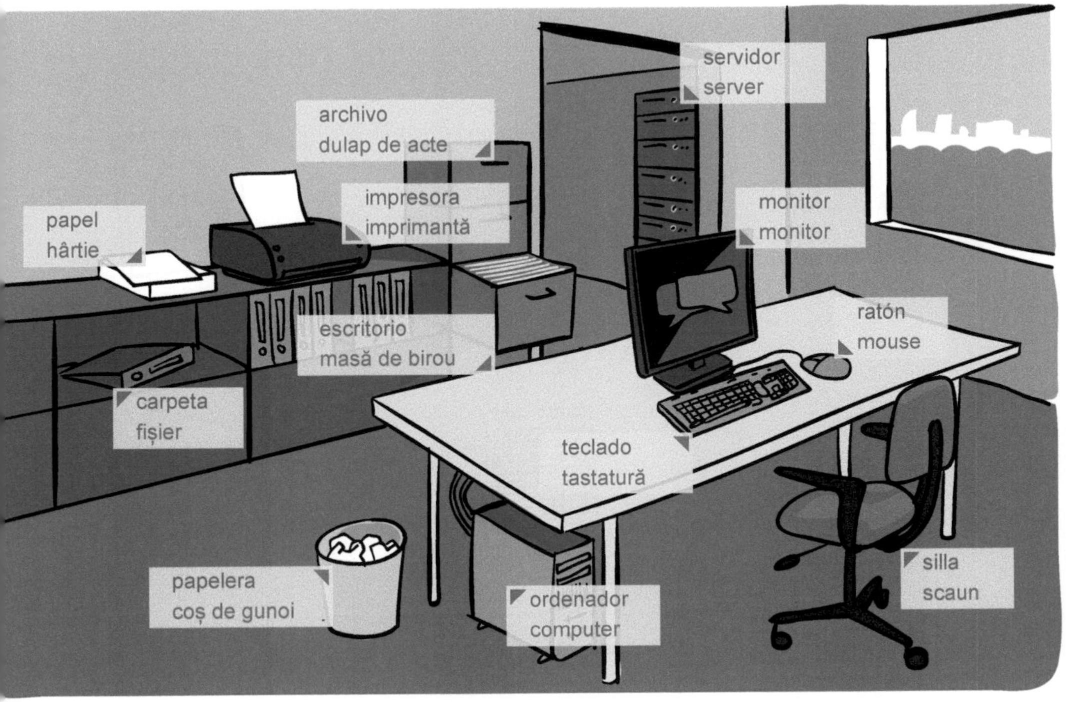
servidor
server
archivo
dulap de acte
impresora
imprimantă
papel
hârtie
monitor
monitor
ratón
mouse
escritorio
masă de birou
carpeta
fișier
teclado
tastatură
silla
scaun
papelera
coș de gunoi
ordenador
computer

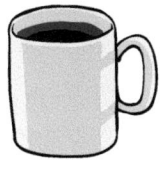

taza de café

ceașcă de cafea

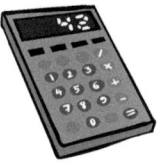

calculadora

calculator

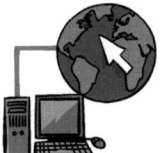

internet

internet

portátil

laptop

carta

scrisoare

mensaje

mesaj

móvil

telefon mobil

red

rețea

fotocopiadora

copiator

software

software

teléfono

telefon

toma de corriente

priză

fax

fax

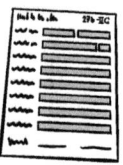

formulario

formular

documento

document

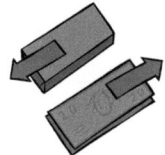

comprar

a cumpăra

pagar

a plăti

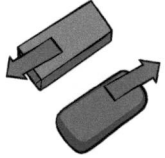

comerciar

a face comerț

dinero

bani

dólar

Dolar

euro

Euro

yen

Yen

rublo

Rublă

franco suizo

Franc Elvețian

renminbi yuan

renminbi yuan

rupia

Rupie

cajero automático

bancomat

oficina de cambio de divisas

casă de schimb valutar

oro

aur

plata

argint

petróleo

petrol

energía

energie

precio

preț

contrato

contract

impuesto

impozit

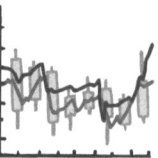

acción

acțiune

trabajar

a munci

empleado

angajat

empleador

angajator

fábrica

fabrică

tienda

magazin

oficios
ocupații

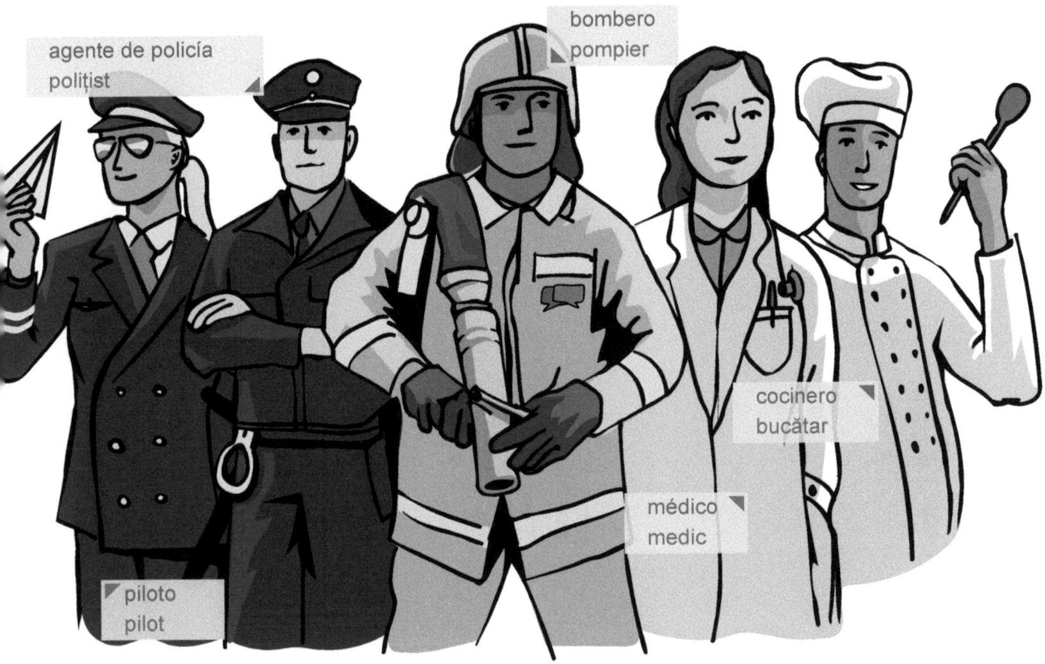
agente de policía
polițist
bombero
pompier
cocinero
bucătar
médico
medic
piloto
pilot

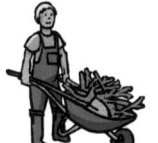

jardinero
grădinar

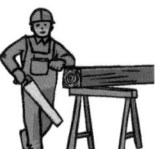

carpintero
tâmplar

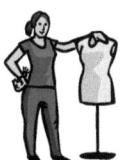

costurera
cusătoreasă

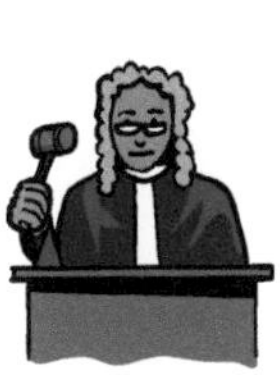

juez
judecător

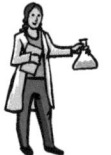

farmacéutico
chimist

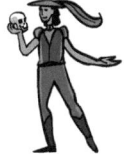

actor
actor

conductor de autobús

șofer de autobuz

taxista

șofer de taxi

pescador

pescar

señora de la limpieza

femeie de serviciu

techador

tinichigiu

camarero

chelnăr

cazador

vânător

pintor

pictor

panadero

brutar

electricista

electrician

obrero

muncitor în construcții

ingeniero

inginer

carnicero

măcelar

fontanero

instalator

cartero

poștaș

oficios - ocupații

soldado

soldat

arquitecto

arhitect

cajero

casier

florista

florar

peluquero

frizer

revisor

controlor

mecánico

mecanic

capitán

căpitan

dentista

stomatolog

científico

om de știință

rabino

rabin

imán

imam

monje

călugăr

sacerdote

preot

herramientas
instrumente

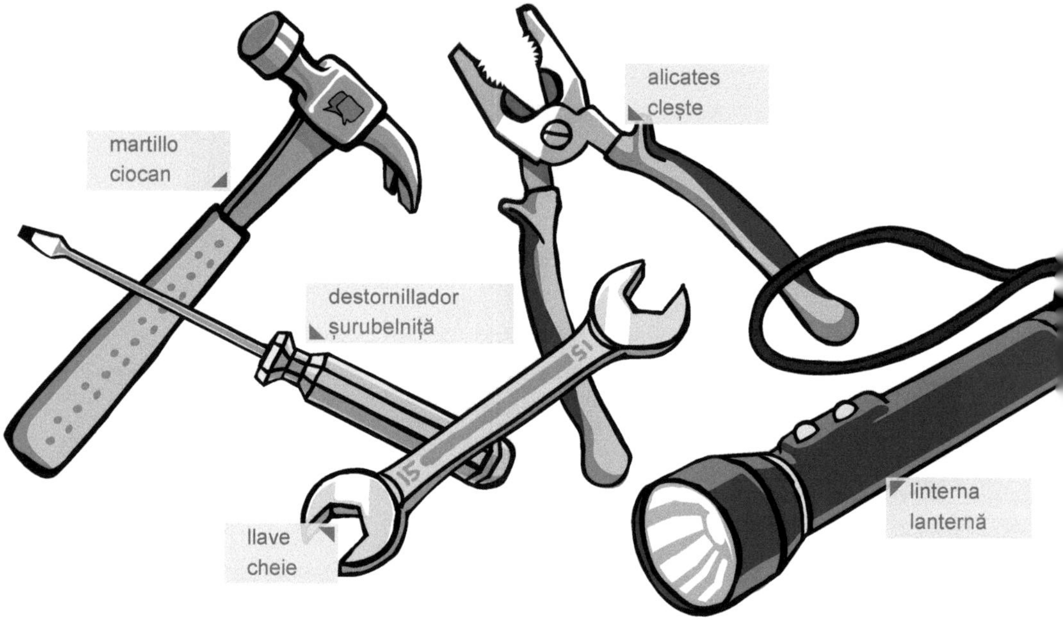
martillo
ciocan
alicates
cleşte
destornillador
şurubelniţă
llave
cheie
linterna
lanternă

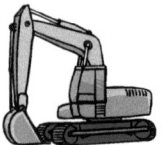

excavadora

excavator

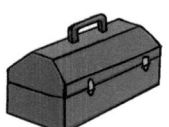

caja de herramientas

cutie de scule

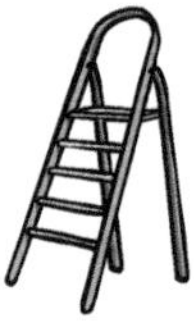

escalera de mano

scară

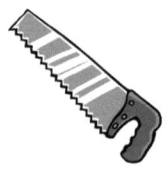

sierra

ferăstrău

clavos

cuie

taladro

burghiu

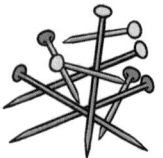

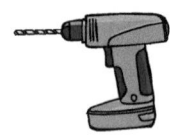

reparar
....
a repara

pala
....
lopată

¡Maldita sea!
....
La naiba!

recogedor
....
făraș

bote de pintura
....
vas pentru vopsea

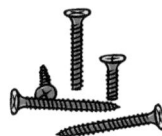

tornillos
....
șuruburi

instrumentos musicales
instrumente muzicale

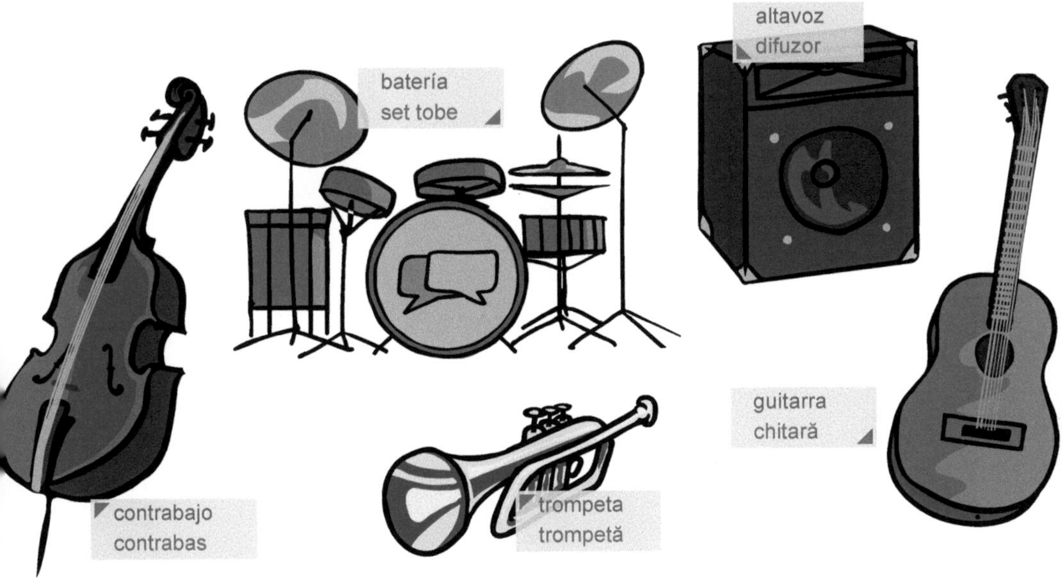

batería
set tobe ◢

altavoz
◢ difuzor

guitarra
chitară ◢

▼ contrabajo
contrabas

trompeta
trompetă

piano
pian

violín
vioară

bajo
bas

timbales
trombon

tambor
tobă

teclado
keyboard

saxofón
saxofon

flauta
fluier

micrófono
microfon

instrumentos musicales - instrumente muzicale

grădină zoologică

entrada
intrare

tigre
tigru

jaula
cușcă

cebra
zebră

pienso
mâncare pentru animale

panda
panda

animales
animale

elefante
elefant

canguro
cangur

rinoceronte
rinocer

gorila
gorilă

oso
urs

camello

cămilă

avestruz

struț

león

leu

mono

maimuță

flamingo

flamingo

loro

papagal

oso polar

urs polar

pingüino

pinguin

tiburón

rechin

pavo real

păun

serpiente

șarpe

cocodrilo

crocodil

guardián de zoológico

îngrijitor grădina zoologică

foca

focă

jaguar

jaguar

zoo - grădină zoologică

poni

ponei

leopardo

leopard

hipopótamo

hipopotam

jirafa

girafă

águila

acvilă

jabalí

porc mistreț

pescado

pește

tortuga

broască țestoasă

morsa

morsă

zorro

vulpe

gacela

gazelă

deportes
sport

fútbol americano
fotbal american

ciclismo
ciclism

tenis
tenis

baloncesto
basketball

natación
înot

boxeo
box

hockey sobre hielo
hockey pe gheață

fútbol
fotbal

bádminton
badminton

atletismo
atletism

balonmano
handbal

esquí
schi

polo
polo

reír
a râde

saltar
a sări

abrazar
a îmbrățișa

caminar
a merge

cantar
a cânta

rezar
a se ruga

besar
a săruta

soñar
a visa

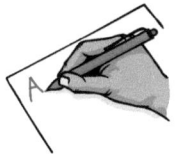

escribir
a scrie

dibujar
a desena

mostrar
a arăta

empujar
a împinge

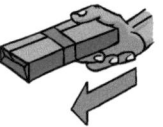

dar
a da

tomar
a lua

tener
....
a avea

hacer
....
a face

ser
....
a fi

estar de pie
....
a sta în picioare

correr
....
a fugi

tirar
....
a trage

tirar
....
a arunca

caer
....
a cădea

yacer
....
a sta întins

esperar
....
a aștepta

llevar
....
a purta

estar sentado
....
a ședea

vestirse
....
a se îmbrăca

dormir
....
a dormi

despertar
....
a se trezi

mirar
a privi

llorar
a plânge

acariciar
a mângâia

peinar
a se pieptăna

hablar
a vorbi

entender
a înțelege

preguntar
a întreba

escuchar
a asculta

beber
a bea

comer
a mânca

ordenar
a face ordine

amar
a iubi

cocinar
a găti

conducir
a conduce

volar
a zbura

navegar

a naviga

calcular

a calcula

leer

a citi

aprender

a învăța

trabajar

a munci

casarse

a se căsători

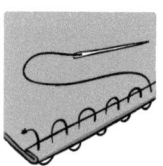

coser

a coase

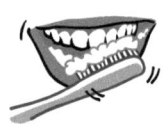

cepillarse los dientes

a se spăla pe dinți

matar

a ucide

fumar

a fuma

enviar

a trimite

familia
familie

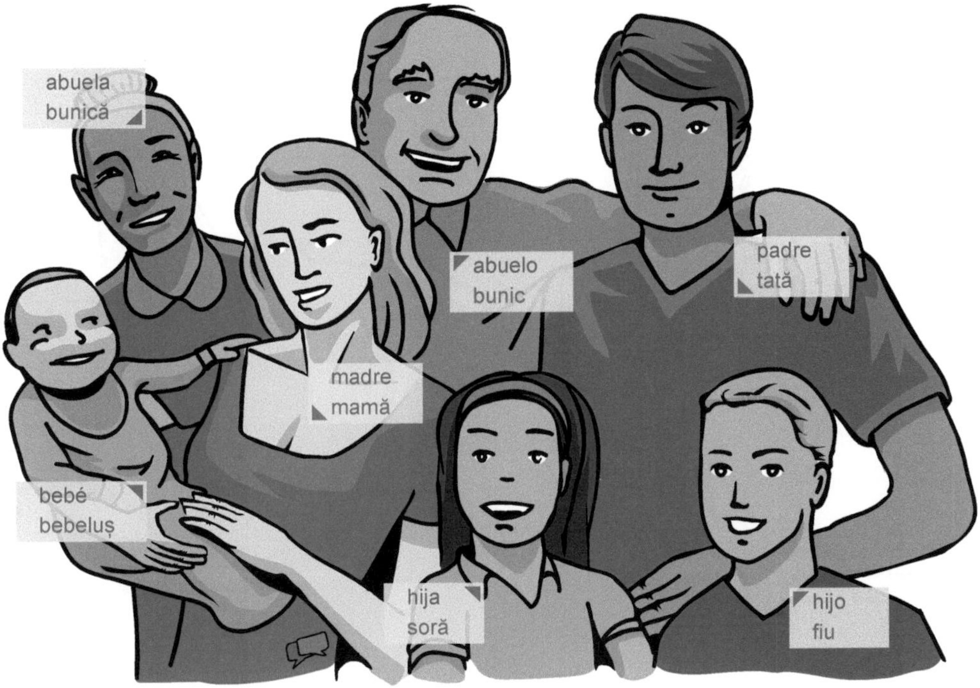
abuela
bunică
abuelo
bunic
padre
tată
madre
mamă
bebé
bebeluș
hija
soră
hijo
fiu

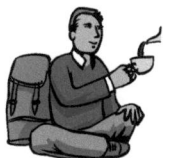

invitado

oaspete

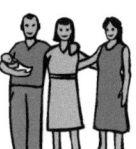

tía

mătușă

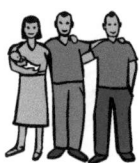

tío

unchi

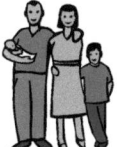

hermano

frate

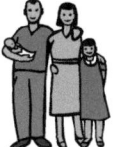

hermana

soră

cuerpo
corp

frente
frunte
ojo
ochi
hombro
umăr
dedo
deget
cara
față
barbilla
bărbie
mano
mână
pecho
piept
pierna
picior
brazo
braț

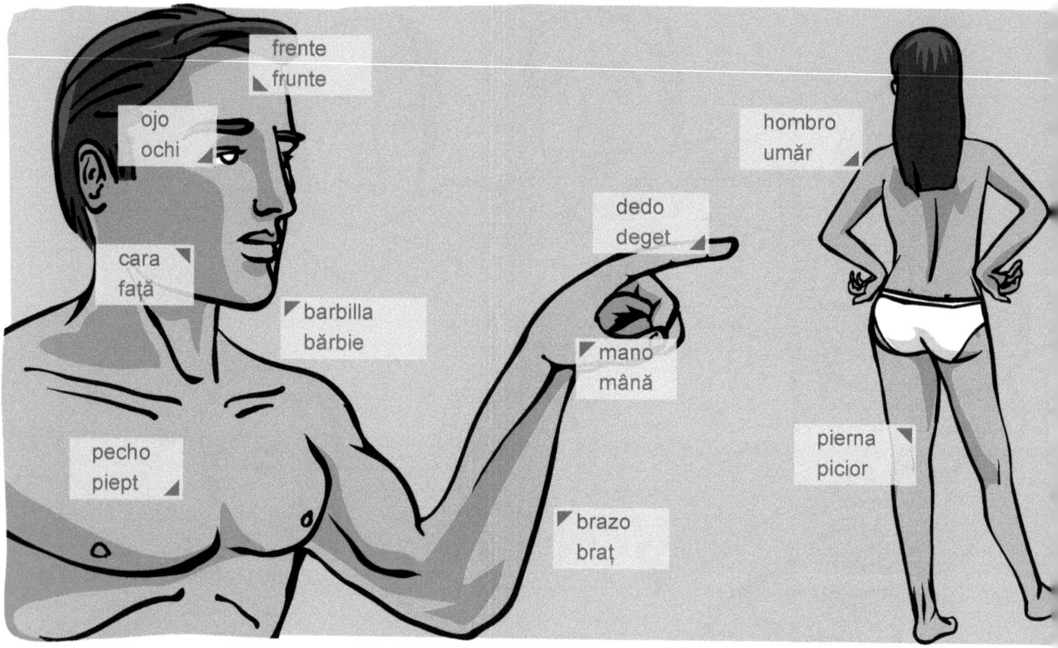

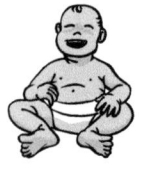

bebé
bebeluș

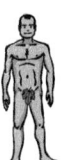

hombre
bărbat

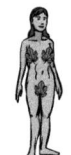

mujer
femeie

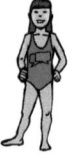

chica
fată

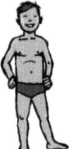

chico
băiat

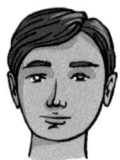

cabeza
cap

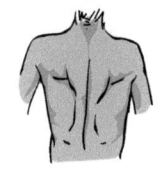

espalda

spate

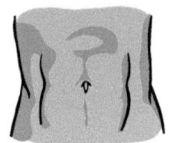

vientre

abdomen

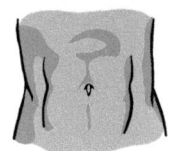

ombligo

ombilic

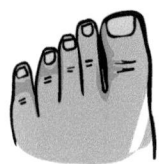

dedo del pie

deget de la picior

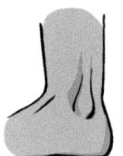

talón

călcâi

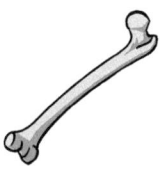

hueso

os

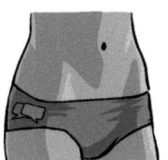

cadera

șold

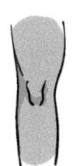

rodilla

genunchi

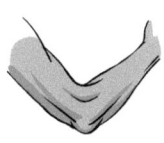

codo

cot

nariz

nas

trasero

fund

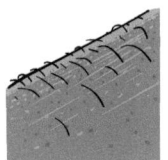

piel

piele

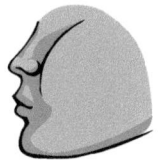

mejilla

obraz

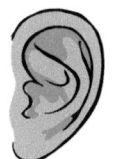

oído

ureche

labio

buză

cuerpo - corp

boca

gură

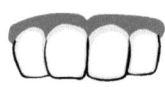

diente

dinte

lengua

limbă

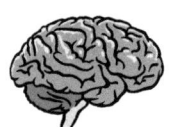

cerebro

creier

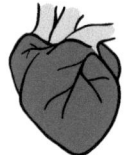

corazón

inimă

músculo

mușchi

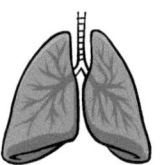

pulmón

plămân

hígado

ficat

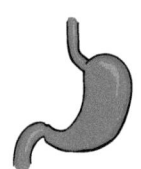

estómago

stomac

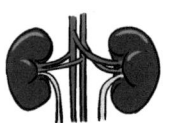

riñones

rinichi

sexo

sex

condón

prezervativ

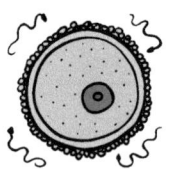

ovario

ovul

semen

spermă

embarazo

sarcină

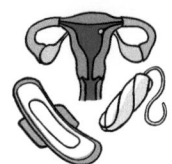

menstruación

menstruație

vagina

vagin

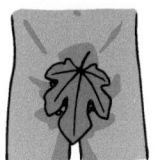

pene

penis

ceja

sprânceană

pelo

păr

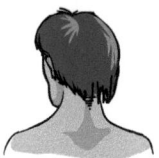

cuello

gât

hospital
spital

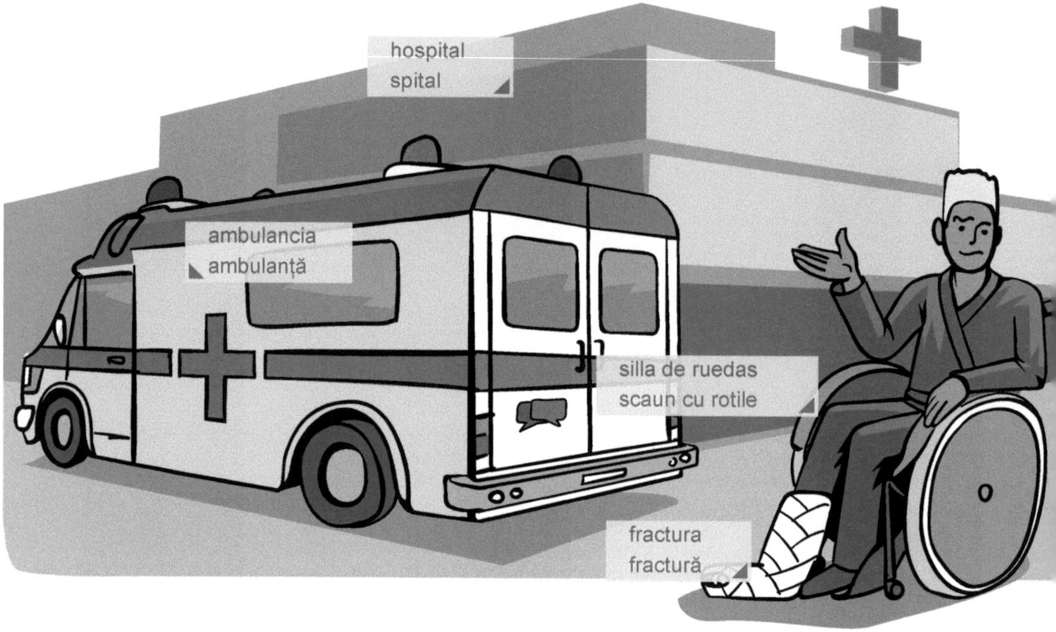

hospital
spital
ambulancia
ambulanță
silla de ruedas
scaun cu rotile
fractura
fractură

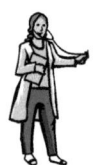

médico

medic

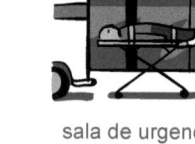

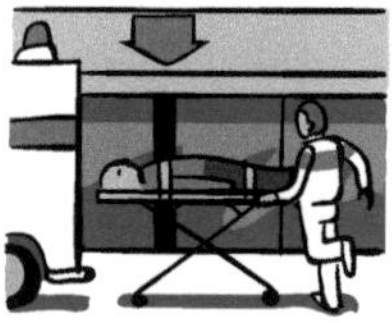

sala de urgencias

unitate de primiri urgențe

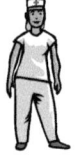

enfermera

soră medicală

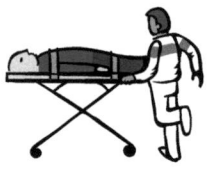

urgencia

urgență

inconsciente

inconștient

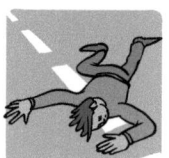

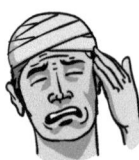

dolor

durere

lesión
....
leziune

hemorragia
....
sângerare

infarto
....
infarct miocardic

ictus
....
atac cerebral

alergia
....
alergie

tos
....
tuse

fiebre
....
febră

gripe
....
gripă

diarrea
....
diaree

dolor de cabeza
....
durere de cap

cáncer
....
cancer

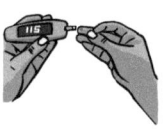

diabetes
....
diabet

cirujano
....
chirurg

bisturí
....
scalpel

operación
....
operație

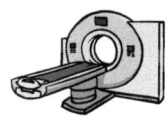

TAC
CT

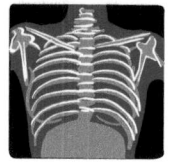

rayos x
raze Röntgen

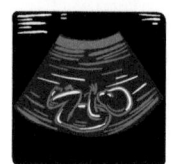

ultrasonido
ultrasunet

mascarilla
mască

enfermedad
boală

sala de espera
sală de așteptare

muleta
cârjă

tirita
plasture

venda
bandaj

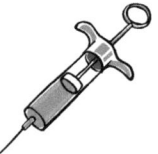

inyección
injecție

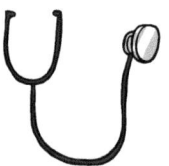

estetoscopio
stetoscop

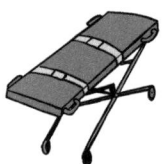

camilla
targă

termómetro
termometru

nacimiento
naștere

sobrepeso
supraponderabilitate

audífono
....
aparat auditiv

desinfectante
....
dezinfectant

infección
....
infecţie

virus
....
virus

VIH / SIDA
....
HIV/SIDA

medicina
....
medicină

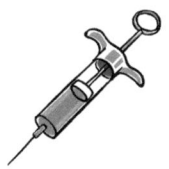

vacunación
....
vaccin

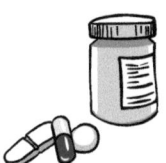

tabletas
....
tablete

pastilla
....
pastilă

llamada de urgencia
....
apel de urgenţă

tensiómetro
....
aparat de măsurare a
presiunii arteriale

enfermo / sano
....
bolnav/sănătos

¡Socorro!

Ajutor!

alarma

alarmă

asalto

agresiune

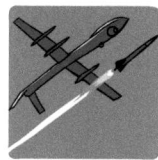

ataque

atac

peligro

pericol

salida de emergencia

ieşire de urgenţă

¡Fuego!

Foc!

extintor de incendios

extinctor

accidente

accident

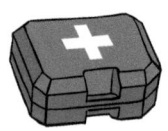

botiquín de primeros auxilios
trusă de prim-ajutor

SOS

SOS

policía

poliţie

Europa

Europa

Norteamérica

America de Nord

Sudamérica

America de Sud

África

Africa

Asia

Asia

Australia

Australia

Atlántico

Altantic

Pacífico

Pacific

Océano Índico

Oceanul Indian

Océano Antártico

Oceanul Antarctic

Océano Ártico

Oceanul Arctic

polo norte

Polul Nord

polo sur

Polul Sud

Antártida

Antarctica

tierra

pământ

tierra

țară

mar

mare

isla

insulă

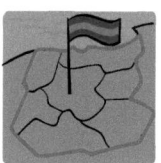

nación

națiune

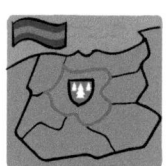

estado

stat

esfera

cadran

manecilla de las horas

orar

minutero

minutar

segundero

secundar

¿Qué hora es?

Cât e ceasul?

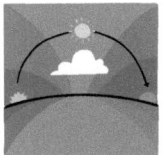

día

zi

tiempo

timp

ahora

acum

reloj digital

cead digital

minuto

minut

hora

oră

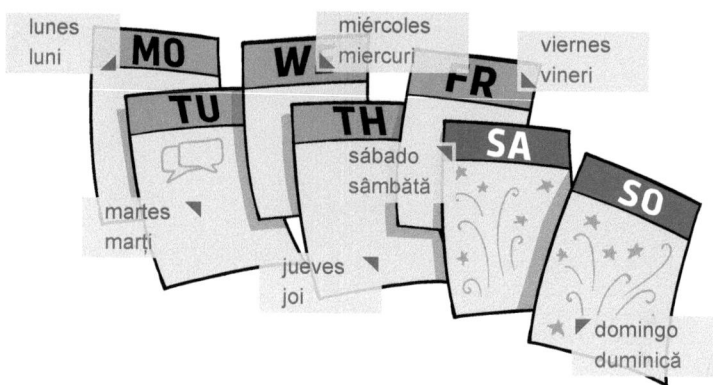

lunes / luni — MO
miércoles / miercuri — W
viernes / vineri — FR
TU
TH
SA
martes / marţi
sábado / sâmbătă
jueves / joi
domingo / duminică
SO

ayer
ieri

hoy
azi

mañana
mâine

mañana
dimineaţă

mediodía
amiază

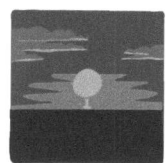

tarde
seară

MO	TU	WE	TH	FR	SA	SU
1	2	3	4	5	6	7
8	9	10	11	12	13	14
15	16	17	18	19	20	21
22	23	24	25	26	27	28
29	30	31	1	2	3	4

días laborables
zile lucrătoare

MO	TU	WE	TH	FR	SA	SU
1	2	3	4	5	6	7
8	9	10	11	12	13	14
15	16	17	18	19	20	21
22	23	24	25	26	27	28
29	30	31	1	2	3	4

fin de semana
week-end

año

an

lluvia
ploaie
arcoíris
curcubeu
viento
vânt
nieve
zăpadă
primavera
primăvară
verano
vară
otoño
toamnă
invierno
iarnă

4.APRIL 11°
5.APRIL 4°
6.APRIL 13°
7.APRIL 8°
8.APRIL 10°

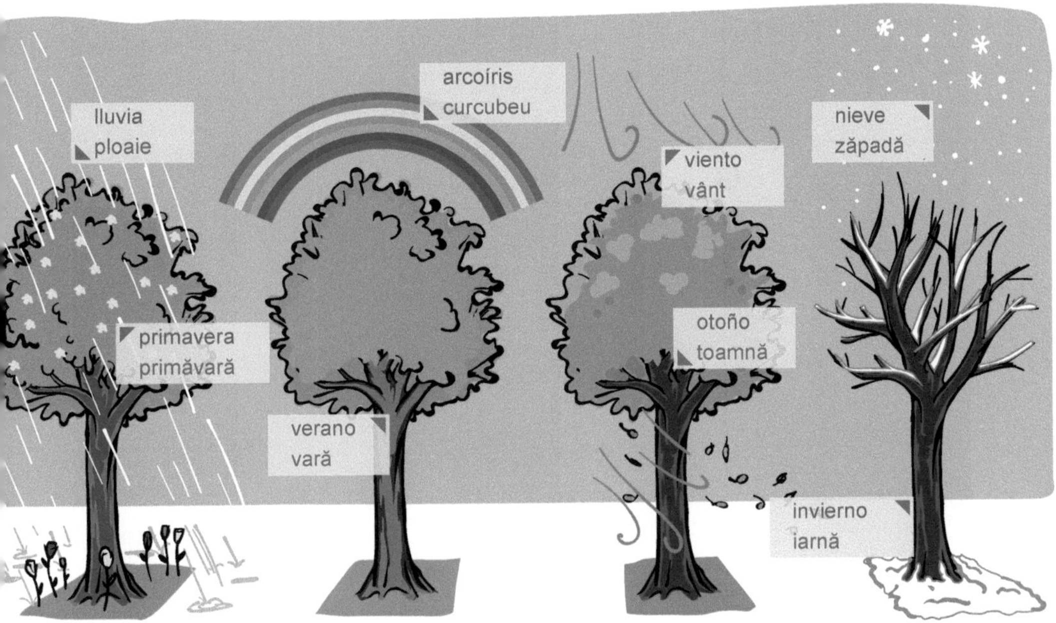

pronóstico del tiempo

prognoză meteo

F
C
120
90
60
30
0
-30
40
30
20
10
0
-10
-20

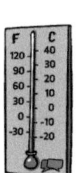

termómetro

termometru

sol

lumina soarelui

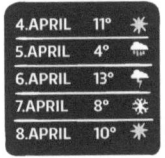

nube

nor

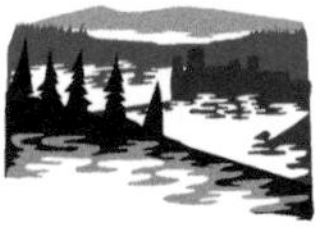

niebla

ceață

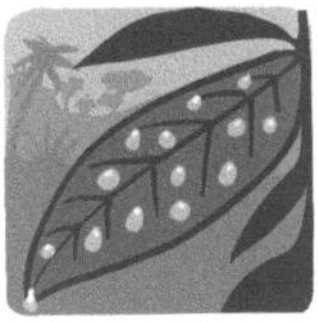

humedad

umiditate a aerului

rayo

fulger

trueno

tunet

tormenta

furtună

granizo

grindină

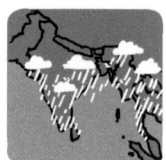

monzón

muson

inundación

inundație

hielo

gheață

enero

ianuarie

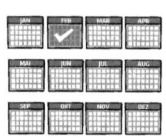

febrero

februarie

marzo

martie

abril

aprilie

mayo

mai

junio

iunie

julio

iulie

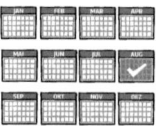

agosto

august

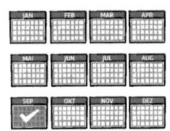

septiembre

septembrie

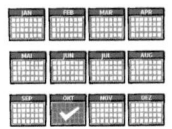

octubre

octombrie

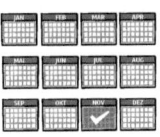

noviembre

noiembrie

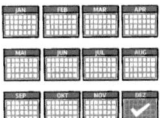

diciembre

decembrie

círculo

cerc

cuadrado

pătrat

rectángulo

dreptunghi

triángulo

triunghi

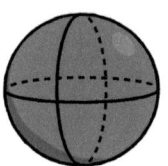

esfera

sferă

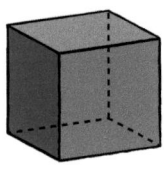

cubo

cub

colores
culori

blanco

alb

amarillo

galben

anaranjado

portocaliu

rosa

roz

rojo

roșu

morado

violet

azul

albastru

verde

verde

marrón

maro

gris

gri

negro

negru

mucho / poco

mult/puțin

enojado / tranquilo

furios/calm

bonito / feo

frumos/urât

principio / fin

început/sfârșit

grande / pequeño

mare/mic

claro / oscuro

luminos/întunecat

hermano / hermana

frate/soră

limpio / sucio

curat/murdar

completo / incompleto

complet/incomplet

día / noche

zi/noapte

muerto / vivo

mort/viu

ancho / estrecho

lat/strâmt

comestible / no comestible

comestibil/necomestibil

malo / amable

rău/prietenos

entusiasmado / aburrido

emoționat/plictisit

gordo / delgado

gras/slab

primero / último

primul/ultimul

amigo / enemigo

prieten/inamic

lleno / vacío

plin/gol

duro / blando

tare/moale

pesado / ligero

greu/ușor

hambre / sed

foame/sete

enfermo / sano

bolnav/sănătos

ilegal / legal

ilegal/legal

inteligente / tonto

inteligent/stupid

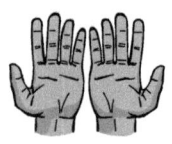

izquierda / derecha

stânga/drepta

cerca / lejos

aproape/departe

opuestos - antonime

nuevo / usado
nou/uzat

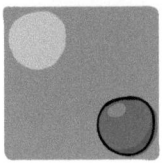

nada / algo
nimic/ceva

viejo / joven
bătrân/tânăr

encendido / apagado
pornit/oprit

abierto / cerrado
deschis/închis

silencioso / ruidoso
încet/tare

rico / pobre
bogat/sărac

correcto / incorrecto
corect/fals

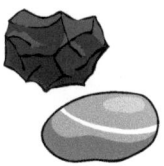

áspero / suave
aspru/neted

triste / contento
trist/fericit

corto / largo
lung/scurt

lento / rápido
încet/repede

húmedo / seco
ud/uscat

cálido / frío
cald/rece

guerra / paz
război/pace

0

cero

zero

1

uno

unu

2

dos

doi

3

tres

trei

4

cuatro

patru

5

cinco

cinci

6

seis

șase

7

siete

șapte

8

ocho

opt

9

nueve

nouă

10

diez

zece

11

once

unsprezece

12

doce

douăsprezece

13

trece

treisprezece

14

catorce

paisprezece

15

quince

cincisprezece

16

dieciséis

șaisprezece

17

diecisiete

șaptesprezece

18

dieciocho

optsprezece

19

diecinueve

nouăsprezece

20

veinte

douăzeci

100

cien

o sută

1.000

mil

o mie

1.000.000

millón

un milion

inglés
....
engleză

inglés americano
....
engleză americană

chino mandarín
....
chineza mandarină

hindi
....
hindi

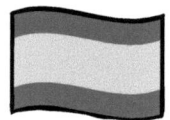

español
....
spaniolă

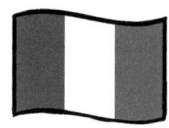

francés
....
franceză

árabe
....
arabă

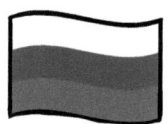

ruso
....
rusă

portugués
....
protugheză

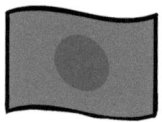

bengalí
....
bengaleză

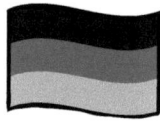

alemán
....
germană

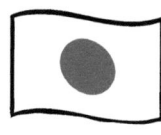

japonés
....
japoneză

yo
....
eu

tú
....
tu

él / ella / ello
....
el/ea

nosotros/as
....
noi

vosotros/as
....
voi

ellos/as
....
ea

¿quién?
....
cine?

¿qué?
....
ce?

¿cómo?
....
cum?

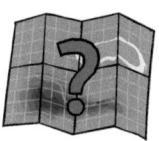

¿dónde?
....
unde?

¿cuándo?
....
când?

nombre
....
nume

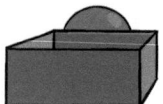

detrás

în spate

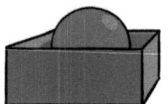

en

în

delante de

înainte

por encima de

peste

sobre

pe

debajo de

sub

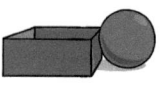

junto a

lângă

entre

între

lugar

loc